ブックレット新潟大学

総合的な探究の時間における
カリキュラム・マネジメントの観点からの改善
―新潟県内高等学校の事例から―

田中 一裕

新潟日報メディアネット

も く じ

はじめに ……………………………………………………………… *5*

第一章　総合学習から探究学習への変化 ………………………… *10*
- 第一節　進路意識の啓発が主流となった総合学習 ……………… *10*
- 第二節　探究学習の導入と位置づけ ……………………………… *11*

第二章　カリキュラムの構築の視点 ……………………………… *12*
- 第一節　高等学校における探究学習のカリキュラム・マネジメント …… *12*
- 第二節　カリキュラム構築における現状 ………………………… *15*
- 第三節　大学での研究への土台作りとしての探究学習 ………… *16*
- 第四節　探究学習の目指すところ ………………………………… *20*
- 第五節　探究学習の評価 …………………………………………… *22*

第三章　探究学習を先導するSSH・学校設定教科 ……………… *25*
- 第一節　スーパーサイエンスハイスクール（SSH）支援事業 ………… *25*
- 第二節　学校設定教科・科目の設置 ……………………………… *26*

第四章　探究学習に影響を与えるコロナ禍とGIGAスクール構想 ……… *28*
- 第一節　コロナ禍の影響 …………………………………………… *28*
- 第二節　GIGAスクール構想 ……………………………………… *28*

第五章　各高等学校の取り組みの分類 …………………………………… *30*
　　第一節　新潟県立三条高等学校 ……………………………………… *31*
　　第二節　新潟県立国際情報高等学校 ………………………………… *39*
　　第三節　新潟県立新津高等学校 ……………………………………… *46*
　　第四節　新潟県立新潟南高等学校 …………………………………… *49*
　　第五節　新潟県立佐渡中等教育学校 ………………………………… *54*

終わりに（インタビューから明らかになったこと）………………………… *59*
　　第一節　時系列的カリキュラム・マネジメント …………………… *59*
　　第二節　カリキュラム・マネジメントを行ううえでの課題 ……… *60*
　　第三節　外部指導者の重要性 ………………………………………… *62*
　　第四節　総合学習から探究学習への連続性 ………………………… *63*

注釈 ………………………………………………………………………………… *64*

参考文献 ………………………………………………………………………… *66*

はじめに

　本書は、2019年度以降、高等学校に導入された「総合的な探究の時間」（以下、探究学習）のカリキュラム・マネジメント（カリキュラム（教育課程）に基づき組織的かつ計画的に各学校の教育活動の質の向上を図っていくこと）が、どうあったらよいのかを、新潟県内の高等学校の事例を手がかりに検討したものです。探究学習を中核にカリキュラムの再構成に取り組む新潟県内の五つの高等学校が効果的なカリキュラムをどのように実現しているのか実態調査し、各々の改善策に学ぶとともに、先進的な取り組みから探究学習のカリキュラム構築に役立つと思われる示唆をまとめました。高等学校での学校教育目標は、その高等学校で育成したい高校生像や、身につけてもらいたい資質を示しており、その高等学校が目指す教育のゴールを示しています。ただ残念ながら、抽象的な語句が並んでおり、ハッキリとしたゴールとは言えません。

　では、大学入学予備校や学習塾の目標はどうでしょうか？　こちらの教育目標には、もう少し具体的に「受験」や「進学」というキーワードが目標に入ってきます。このように高等学校と予備校・学習塾の教育目標の違いを考えたうえで、高等学校の教育目標とは何でしょうか？

　近年、少子化が社会的な課題となっていますが、大学入試における受験競争はいわゆる難関大学においてはまだまだ激しい状況が続き、その影響は高等学校入試・中学校入試・小学校入試にまで及んでいます。国公立大学の入学試験では、1979年に共通第一次学力試験が導入され、1990年には大学入試センター試験へ、2021年度には大学入学共通テストへと変更されるなど、マイナーチェンジを繰り返してはいますが、約40

年間一次試験ではマークシート型の出題方式で、大きな変化はないと言えます。

　大学受験の激化が高等学校に与えた変化は、一言で「高等学校の序列化」と言えます。この序列化は、その高等学校の大学入試結果などを反映した序列であり、高等学校の偏差値は、高等学校受験生にとって、高等学校選択の指標となっています。

　「高等学校選択で重視すること」という質問に対する中学生の回答を、回答者の「成績の自己評価別（自分自身の成績が上位・中位・下位かを自己判断したもの）」にみると、「進学状況のよい高等学校を選ぶ」生徒は、「成績上位層で2001年比20.8ポイント上昇し、とりわけ上位層で顕著な変化である」と吉本真代（2015）は分析しています[1]。また寺崎里水（2015）[2]は、高等学校生の「成績観・学力観について、1990年から2015年までの５回の調査を比較すると、『できるだけいい大学に入れるよう、成績を上げたい（54.3％→51.4％→54.9％→58.7％→67.0％）』が上昇した一方で、『学校生活が楽しければ成績にはこだわらない（25.6％→27.2％→23.6％→22.7％→13.8％）』が低下した」としており、「学校の勉強を介した達成に対する意欲、すなわち、いい成績をとっていい大学に進学し、いい仕事について幸せになるという価値観の復活がみてとれる」と考察しています。

　また、高校の教師の意識を調査した、高等学校の学習指導に対する調査2021（ベネッセ教育研究所）[3]では、「指導で重視していること」として、二つの選択肢を提示したところ、「受験に役立つ力を、学校の授業でも身につけさせること」と「受験指導は塾などに任せて、学校では基礎的事項を教えること」では、前者が約70％、後者が約30％で、教師の受験指導に対する意識の高さが明らかになっています。また、「進路指

導で感じること」という質問に対する「進路を決めきれない生徒が多い」という回答をみると、「とてもそう思う」「そう思う」の合計が約80％を超えています。進路に関して高校生の意思決定がうまくいっていないと、多くの教師が感じているのです。

　2019年より先行実施された高等学校「総合的な探究の時間」の教育目標は、各高等学校の学校教育目標と連動して設定されています。その学校教育目標は実現のためにカリキュラムとしてプログラムされ、教師により授業が行われます。例えば今回インタビューを行った新潟南高校では学校教育目標が「自主責任」「和衷協同」「質実剛健」「廉潔高雅」「知性良識」であり、探究学習の目標は「探究的な学びにより、様々な分野でリーダーとして活躍できる人材の育成」と設定されています。学校教育目標の実現のためのカリキュラムの設定の流れについては学習指導要領で詳細に定められていますが、どのような内容を取り上げ、どのような方法で授業を行うのかについては、各高等学校や教師自身に任されています。例えば「高等学校の目標は大学に入るための基礎的な知識を身につけることが最重要で、それ以外のことについて時間を割く必要はない」と本音で考えている教師と、「高等学校で生徒に身につけさせたい力の育成には、教科・科目を学ぶだけではなく、探究学習や部活動・生徒会活動・ボランティアや、地域の活動などにも積極的に参加することを目指すべきだ」と考えている教師とでは、探究学習の活動目標設定が異なってきます。

　各高等学校の学校教育目標は抽象的で、解釈によりどのようにも理解できる内容となっています。教育基本法や学習指導要領に書かれてある教育目標は、生徒の全人格的な成長を促すものですが、実際の高等学校では、高校3年生に待ち構えている進路決定や大学入試を最優先の目標

に設定する場合が多いようです。

　生徒の全人格的な成長を促すという大きな目標については、その実現の確認をすることが難しく、一方、目前の進路決定や大学入試の目標の実現は、数値として確認できるものです。そのため、これまでの学校教育目標は、実現が確認できる後者に偏り、実現を確認することが難しい前者については、それほど熱心に取り組んできたとは言えません。

　探究学習は、生徒の全人格的な成長を育成するという難しい目標を実現することができるのでしょうか。また、この目標を実現できる学習にするためには、何が必要なのでしょうか。

　本書では、このような現在の高等学校教育における課題を解決する可能性を持つ探究学習について、探究学習を中核としたカリキュラムの再構成に取り組んでいる、新潟県内の高等学校の探究学習担当教諭に2024年7月にインタビュー調査を行いました。

　本書の目的は二つあります。一つ目は、各高等学校の探究学習の教育目標における位置づけや教科・科目との連携、それを進めるための効果的なカリキュラム・マネジメントのポイントを整理することです。また二つ目は、各高等学校での探究学習を中核としたカリキュラムの再構成のための改善策に注目するとともに、さらに、スーパーサイエンスハイスクール（SSH）支援事業[4]実施高等学校における先進的な取り組みについても分析を行い、高等学校探究学習のカリキュラム・マネジメントへのヒントを提案することです。

　第一章では、総合的な学習の時間（以後総合学習）から探究学習への変化について概略を解説し、第二章では、探究学習のカリキュラムの構築の視点から総合学習と探究学習を比較し、探究学習と調べ学習や大学

での研究との違いから、探究学習の特徴を明らかにします。第三章では、探究学習を先導するSSH・学校設定教科について、第四章では、探究学習に影響を与えるコロナ禍とGIGAスクール構想[5]について考察を行います。第五章では、新潟県内の高等学校5校のインタビュー内容を整理し、それぞれの高等学校のカリキュラム構成の特徴やカリキュラム・マネジメントの視点から教師の取り組みについて明らかにします。終わりにでは、探究学習のカリキュラム構築における課題と今後の展望について考察します。

　スタートした探究学習が、高等学校が目指している学校教育目標を実現できる学習となるのか、それとも異なった形態となるのか。本来の探究学習が目的とする学問探究の魅力や、社会とのつながり、人との交流などをさらに進め、探究学習が高等学校のカリキュラムのコアとなり、充実した内容となるためにも、本書のなかから皆さんがヒントを見つけていただければ幸いです。

　【カリキュラム・マネジメント[6]とは】
　　文部科学省（2023）[7]では、「教育課程とは、学校教育の目的や目標を達成するために、教育の内容を子供の心身の発達に応じ、授業時数との関連において総合的に組織した学校の教育計画。各学校には、学習指導要領等を受け止めつつ、子供たちの姿や地域の実情等を踏まえて、各学校が設定する学校教育目標を実現するために、学習指導要領等に基づき教育課程を編成し、それを実施・評価し改善していくことが求められる」と説明しています。なお、教育課程とカリキュラムの語句は、文部科学省が「教育課程（カリキュラム）」と表現しているため、本書では同意語として使用します。

第一章　総合学習から探究学習への変化

第一節　進路意識の啓発が主流となった総合学習

　「総合的な学習の時間」とは、2003年より「変化の激しい社会に対応して、自ら課題を見つけ、自ら学び、自ら考え、主体的に判断し、よりよく問題を解決する資質や能力を育てることなどを狙いとすること」を主たる目的として、高等学校に年間105～210単位で実施が開始された「各学校において創意工夫を生かした特色ある学習活動を行うもの」であり、「この時間の学習活動が教科等の枠を超えた」教科です。2003年より年間105～210単位時間の配当で実施が開始された総合学習の狙いについて高田（2001）[8]は、「『総合学習』には三つの狙いがある。一つは、『なりたい自分』を描かせるための『在り方・生き方、進路を考察させる』こと。二つ目は、『現代的課題についての多面的な学習』によって、目標に到達するために必要な課題解決能力を身につけさせること。三つ目に『興味や関心に対応する課題研究』で個性や適性の発見と育成を図る。つまり、これまで積み上げられてきた教科・進路・体験学習を、知的活動として総合化することを目指したものと言える」と分析しています。

　総合学習では「進路意識の啓発」を目的とする取り組みが全国で多くみられましたが、高等学校独自にテーマを決定し（環境問題、人権問題など）、探究的な取り組みを行う高等学校もありました。

　一方、特に進学を意識した多くの高等学校では、生徒個人の進路意識の啓発を行うキャリア教育的視点で実施されていました。新潟県内では多くの高等学校が「進路探究ワーク」「進路探究ムック」（ベネッセ発行）

などを、3年間を見通した高校生の進路意識の啓発に有効的な支援ガイドとして使用していました。このような学習資料を授業で利用することで、年間の授業実施計画が立てやすくなり、未経験の初任者や、初めて担任を持つ教師や、ベテランの教師が混在している学年であっても、学年全体で一定の水準を保った進路意識の啓発が可能となっていました。高等学校の教師にとって、進路意識の啓発と結びついた総合学習は、キャリア形成の基盤となるものであったと言えます。そのため、探究学習に移行した現在においても、進路意識の啓発を強く意識したカリキュラムの設定を行っている高等学校も多くあります。

第二節　探究学習の導入と位置づけ

　2018年度からの学習指導要領の改訂に基づき、高等学校では、これまで実施していた総合学習を発展的に変化させ、現在は探究学習を実施しています。キャリア形成教育としての性格が強かった総合学習に対して、探究学習は、学習指導要領「総合的な探究の時間」[9]によれば、「『探究の見方・考え方』を働かせ、横断的・総合的な学習を行うことを通して、自己の在り方生き方を考えながら、よりよく課題を発見し解決していくための資質・能力を育成する」ことを目標としています。

　また、探究が自律的に行われるために、同学習指導要領では、生徒が取り組む探究が「①自分にとって関わりが深い課題になる（自己課題）、②探究の過程を見通しつつ、自分の力で進められる（運用）、③得られた知見を生かして社会に参画しようとする（社会参画）」ものになることを目指すとしており、社会参画まで視野に入れた活動を求めている点に大きな特徴があります。

第二章　カリキュラムの構築の視点

第一節　高等学校における探究学習のカリキュラム・マネジメント

　高等学校の教師に「あなたは何の教師ですか？」と、質問をすると「国語」「体育」「数学」など教科名で答えることがほとんどです。「探究学習」ですと言う教師は、ほとんどいないと思います。高等学校には探究学習だけを専門としている教師は全国に存在しません。教員免許の教科・科目に探究学習は入っていないからです。では現在、日本全国の探究学習のカリキュラム・マネジメントの中心となっているのはどのような教師なのでしょうか。

　組織的には、校長・教頭をトップとする校内の探究学習委員会や、進路指導部・各学年担当の教師が中心となって実施している場合がほとんどです。この探究学習は、教師の業務の一環ではあるのですが、担当している教科・科目の準備にプラスして、探究学習の授業の準備を行うことになるため、どちらかというと、本来の業務に新たにプラスアルファとして加わった業務と意識されている場合が多いようです。

　平成29・30年改訂学習指導要領から、小学校、中学校、高等学校それぞれに「カリキュラム・マネジメント」というキーワードが明記され、児童生徒や地域の実態に合わせて、各学校が学校教育目標を実現するために、カリキュラムを編成・実施・評価・改善して、組織のマネジメントを行うことが求められるようになりました。

　高等学校学習指導要領解説「総合的な探究の時間」では、「学校の教育目標を教育課程に反映し具現化していくに当たってはこれまで以上に総

第二章　カリキュラムの構築の視点

合的な探究の時間を教育課程の中核に位置づけるとともに、各教科・科目等との関わりを意識しながら、学校の教育活動全体で資質・能力を育成するカリキュラム・マネジメントを行うことが求められる」と述べるとともに、探究学習のカリキュラム作成の権限を各高等学校に認めて、「各高等学校の教育目標や、教育内容、進路先などの実情に適したカリキュラムを構築し実施、組織のマネジメントを行う」よう求めています。

　リクルート進学総研「高校教育改革に関する調査 2022」報告書[10]は、「『総合的な探究の時間』を、カリキュラム・マネジメントの中核に『位置づけている』『位置づけようと考えている』学校が合計で42％、『位置づけたい』までまとめると、62％で意向がある」、また高校タイプ別では、「総合学科では『位置づけている』が53％と突出して高く、大短進学率別では95％以上の層で『位置づけている』割合が37％であり、一方、『考えていない』も26％と、1／4の高等学校で探究学習をカリキュラム・マネジメントの中核に位置づけていないこと」を明らかにしています。また、「総合的な探究の時間」取り組み状況別では「学校全体で組織的に取り組んでいる学校」では、約半数が「位置づけている」と回答しており、対応が進んでいますが、半数は学校全体で取り組んではいないという結果を示しています。

表1　「高校教育改革に関する調査2022」より作者作成

高校タイプ別	探究学習の位置づけ	％	計
全体	位置づけている	42％	62％
	位置づけようと考えている	20％	
総合学科	位置づけている	53％	―
大短進学率別が95％以上の層	位置づけている	37％	―
	考えていない	26％	―

各高等学校において探究学習のカリキュラムの構築は、学校全体の教育方針を方向づけるほどの大きな影響を与えるものです。全生徒が活動し、3学年を貫くカリキュラムは、各教科・学校行事・部活動・生徒会活動など育成すべき生徒の資質とそれぞれの活動との関わりを調整しながら構築する必要があります。これまでの総合学習のカリキュラムをそのまま利用できるのであれば、それほどの作業ではありませんが、探究学習の目標や方法などがこれまでの総合学習と異なっているために、総合学習のカリキュラムをそのまま移行させることには無理があります。現在、これまで実施してきた総合学習のカリキュラムを基礎としてマイナーチェンジを繰り返して探究学習のカリキュラムを構築しようと試みている高等学校もあれば、全く白紙から探究学習カリキュラムの構築を試みている高等学校もあります。

　国立教育政策研究所発行の「『指導と評価の一体化』のための学習評価に関する参考資料」[11]では、「2　平成30年の高等学校学習指導要領改訂を踏まえた学習評価の意義（2）カリキュラム・マネジメントの一環としての指導と評価」において、「各学校における教育活動の多くは、学習指導要領等に従い生徒や地域の実態を踏まえて編成された教育課程の下、指導計画に基づく授業（学習指導）として展開」する必要があると指摘したうえで、「各学校で、生徒の学習状況を評価する」、「その結果を教育課程の改善等に生かし」、「組織的かつ計画的に教育活動の質の向上を図っていく」ことにより、「教育活動の質の向上を図る」ことを目指すカリキュラムの構築を求めています。

　高等学校の特徴として、小学校・中学校と比較した場合、広域な地域からの通学者が多いため地域とのつながりが薄く、普通科・専門学科・定時制・通信制など教育方針や教科への取り組みも異なっていることか

ら、探究学習カリキュラムの構築においても探究学習の目標の設定が異なってくるという問題があります。そのため全ての高等学校に共通したカリキュラム構築は難しく、オリジナルな探究学習カリキュラムの構築が求められています。オーダーメイド型のカリキュラム構築が必要となるところに、各高等学校のカリキュラム構築が難しくなる原因があると言えるでしょう。

第二節　カリキュラム構築における現状

　高等学校の教師にとって探究学習の導入は待ち望んだものだったのでしょうか。また、どれくらい大変な作業が必要とされる変化だったのでしょうか。

　2019年より先行実施として高等学校で探究学習が開始されましたが、中学校では総合学習が現在も実施されており、生徒にとってはその延長線上にある学習です。しかし、ほとんどの高等学校の教師にとって、社会的課題の解決に生徒を取り組ませるのは初めてです。実施前に十分な準備を行いスタートした高等学校も多い一方、実施年になりその内容や方法を実践しながらブラッシュアップしていった学校もあります。探究学習のカリキュラムについて、これまでの経験をもとに準備を行っていても、実際の学習が始まると様々な問題点が見えてきます。初めて実施する探究学習においては、カリキュラム内容が生徒の実態と合わずに、生徒が十分に学習を進めることができないことも予想されます。実施しながら調整を重ね、自校の生徒にあったカリキュラム作りをすることが求められています。

　リクルート進学総研（2022）では、「総合的な探究の時間」の取り組みについての調査から、「『総合的な探究の時間』にどのように取り組ん

できましたか」の回答として、「学校全体で組織的に取り組んだ（36.7％）」に対して「学年や課程・学科・コース単位で取り組んだ（31.8％）」「進路指導部等、分掌が主導で取り組んだ（16.3％）」などの回答があり、２／３の高等学校では、まだ学校全体で組織的にカリキュラム・マネジメントに取り組まれていない現状が明らかになっています。

　そもそも教育は学習者の変容を目指し、目的を設定し内容や活動を設計します。探究学習が自校の生徒の学びに合致したものになっているかどうか、事前にシミュレートした結果通りにならないことはよくあることです。特に探究学習で用いられているアクティブ・ラーニング手法（探究学習の場合、学習者が自ら課題を発見し、データを分析・考察を行うなど能動的で主体的な学び）の実施は、学習者がどのような行動をとるのか、不確実な点も多く、自校の生徒にあった学習を設計することは、熟練した教師でも大変苦労するところです。

第三節　大学での研究への土台作りとしての探究学習

　これまで高等学校で行われてきた調べ学習や探究学習と、大学での研究の違いはどのようなものでしょうか。

　調べ学習は、自分が知らないことを知る学習です。多様な資料などから、自分自身にとって知らないことを明らかにしていきます。この手法は小学生から中学生・高校生に至るまで、多様な教科・科目で用いられている教育方法です。近年ではインターネットの普及により、学習者に情報リテラシーの獲得が求められています。

　探究学習については、学習指導要領で「探究の見方・考え方を働かせ、横断的・総合的な学習を行うことを通して、自己の在り方、生き方を考

えながら、よりよく課題を発見し解決していくための資質・能力を次のとおり育成することを目指す。(1) 探究の過程において、課題の発見と解決に必要な知識及び技能を身につけ、課題に関わる概念を形成し、探究の意義や価値を理解するようにする。(2) 実社会や実生活と自己との関わりから問いを見いだし、自分で課題を立て、情報を集め、整理・分析して、まとめ・表現することができるようにする。(3) 探究に主体的・協働的に取り組むとともに、互いのよさを生かしながら、新たな価値を創造し、よりよい社会を実現しようとする態度を養う」と定義されています。この探究学習と、調べ学習、あるいは大学で行われている研究とあいだには、どのような違いがあるのでしょうか？

　探究学習と研究を対比することで分かりやすくなると思います。大学での研究の要件として、「信頼性」「有効性」「新規性」が挙げられます。この３点から探究学習と大学での研究を比較してみましょう。

(1)「有効性」
　「有効性」は、実験の方法や、アンケート調査、インタビュー調査などの方法が、有効な方法で行われ、その結果が、設定した課題をどの程度解決しているのかを示す考え方です。自然科学的な実験の場合、実験の方法や条件などについて詳細に設定する必要があります。人文社会科学の場合は、課題解決の成果に即して、その解決方法が有効だったかどうかを検証する必要があります。自分自身の探究学習の成果を基に、自分自身で方法の有効性を評価することなります。

(2)「信頼性」
　「信頼性」とは、課題解決に使用した手法が、信頼に値する方法なの

かどうか、この方法が一般化できるかどうかを明らかにすることです。

　例えば、「高校生100人へのアンケート調査により、SNSの危険性を認識しているかどうかを明らかにする」という手法の場合、「SNSの危険性を認識しているかどうか」の質問項目についてどのような質問を設定し、どのように分析するのかを事前にしっかりと考えなければ、せっかくのアンケート調査の結果は信頼性の低さから、信頼される成果にはなりません。多様な研究分野で「危険性を認識しているかどうか」の質問項目がこれまでの研究で試されており、その分野で信頼に値する質問項目と分析方法が確立している場合も多くあります。そのような信頼性の高い質問項目と分析方法を選択し、応用することで、高校生のアンケート調査も信頼性が高まると言えるでしょう。ただ、高校生が、多様な研究分野の先行研究を読み、信頼性の高い質問項目と分析方法を選択することは大変難しい作業となります。それでも、高校生自身の思いつきで作成したアンケート調査を実施するより、類似している分野の先行研究の手法や内容を取り入れようとする試みは、探究学習のプロセスにおいて大変重要なスキルとなるでしょう。指導する教師に、このような信頼性に関する認識がある場合とない場合では、探究学習の質も大きく変わると言えるでしょう。

(3)「新規性」

　「新規性」とは、これまで行われてきた研究と比較して「新しい発見である」という点です。そのためには、その専門分野における先行研究、つまりすでに研究が行われ発表されている研究論文を数多く読み、これから自分が研究する部分について、まだ誰も研究して明らかにしていないことを確認する必要があります。他の先行する研究に対してこの取り

組みが差別化できるかどうかを明らかにします。先行研究を調査しないままに研究し発表した内容が、過去の研究と同じであった場合には、たとえ知らなかったとしても、「盗用」「盗作」となり、研究の世界では許されない行為となってしまいます。

　高校生の探究学習では「新規性」について、どこまで確立させる必要性があるのでしょうか？　高校生が短い時間のなかで、あらゆる先行研究に目を通すことは大変難しいと言えます。それでも、高校生自身に先行研究の文献調査の時間を作り、確認できる範囲だけでも調査を行わせることにより、「新規性」に対する認識を育成できます。学校外での発表や公表を行う場合には、さらに時間をかけ、また指導者である教師が確認することも必要です。一方、「信頼性」「有効性」とも関係しますが、高校生が設定する課題から「新規性」を考えてみた場合、「新規性」を確立することが可能な方法・内容もあります。高等学校での探究学習においては、その時間的・方法的・内容的な限界から、汎用的・一般的な原理や真理などを明らかにすることは難しいことです（あらゆる事例・課題に共通して通用する方法や、全ての条件において成立する原理や真理の発見など）。そこで高校生の探究学習では、ある一定の条件のもとにおける問題や、特定の地域などの課題に焦点を当てる場合が多くなります。そのため、先行研究がなかったり、少なかったりすることも珍しくありませんから、そのような条件においてなされた探究学習の成果は新規性を持っていると言うことは可能です。ただし、特定の場合・事例・地域のみの成果となるため、どのような事例・地域にも応用できる、いわゆる汎用性は低くなると言えます（しかし本来、高校生が課題を発見し、その解決を目指すことが求められているわけですから、汎用性の低さは探究学習のマイナスになるとは言えません）。

第四節　探究学習の目指すところ

　高校生にとっては「有効性」「信頼性」「新規性」という三つの条件をクリアにした探究学習を行うことはなかなか難しいと思います。しかしこの条件を意識し、探究学習に臨むことは大変有意義な学習になると考えられます。また、最終的な成果がうまく完成しない、うまくいかない場合の方が多くなる可能性もあります。研究との違いとして、探究学習は探究する活動を体験すること、そのものが目的となっています。そのプロセスが重要なのですから、もちろん、最終的な成果についてうまくいけばなお良いわけですが、仮にうまくいかなかったとしても、しっかりとしたプロセスを経た探究学習であれば、十分目的を達成していると言えるでしょう。それゆえに、探究学習のプロセスを生徒が意識して構成できるように組み込むカリキュラム設計力、運営する教師自身の探究学習のプロセスにおける指導力、うまくいかなかった場合の担当教師のマネジメント力などが求められていると言えます。

　教師が指導の限界を感じた場合は、外部支援者の協力を得て、先行研究の確認を行うことも有効です。外部支援者は専門分野において、先進的な取り組みや挑戦的な取り組みなど多数の先行研究や研究方法を知っています。生徒の先行研究分析に対して先行研究の探し方、先行研究の信頼性などに支援をいただけるでしょう。また、似た研究の事例や、失敗した事例や方法などについても幅広い知識を有していますので、生徒が先行研究で壁にあたり進む方向が分からなくなった場合などにおいても適切な支援を受けられるでしょう。

　では探究学習のゴールの設定はどのようなものがあるのでしょうか？大きく分けて三つに分類できます。

　一つ目は「状況把握」、二つ目は「原因解明」、三つ目は「解決方法」

です。「状況把握」とは、何が起きているのか、どのような問題なのかを把握することです。「原因解明」とはその問題の原因を明らかにすることです。「解決方法」とはその問題をどのようにして解決できるのか、その方法を明らかにすることです。

　高等学校の探究学習では解決方法を提示するところまで求められているわけでは必ずしもありません。年間の授業時数を十分取ることができない場合、「状況把握」⇒「原因解明」⇒「解決方法」と探究学習を進めることは大変困難になります。少ない時間のなかで無理に解決方法まで行うことを求めた場合、中途半端で不十分な調査や分析となってしまい、プロセスのなかで学ぶという目的も果たすことが難しくなると言えます。

　３年間を見据えたカリキュラム設計上、各学年でゴールを具体的に設定し、無理のないスケジュールで実施することが必要です。年次カリキュラム構造として、１年次には状況把握の部分のみに集中し、２年次・３年次に状況把握から原因解明・解決方法までを実施するカリキュラムなどが考えられます。また１年次には事前に１題を設定し、課題設定にあまり時間をかけずに次の原因解明・解決方法に力を入れ、２・３年次に原因解明・解決方法まで実施するというパターンも考えられます。

　探究学習の実施状況について、リクルート進学総研（2022）では、「総合的な探究の時間」の取り組みについての調査から、「総合的な探究の時間」に取り組むにあたっての課題は「教師負担の大きさ（78.8％）」、次に「教師間の共通認識不足（53.6％）」、「教師の知識・理解不足（43.9％）」であるとしています。教師の負担の大きさ・教師間共通認識不足・教師の知識理解不足は、大きな課題となっており、「生徒の意欲や学力の低

下・欠如（18.2％）」と比較すると、探究学習をマネジメントするうえでも、教師側の課題が大きいことが示されています。また「実施時間の不足（35.6％）」も、本来の「課題発見⇒課題分析⇒解決方法⇒発表⇒振り返り」の一連の探究学習の流れを十分に実施することができずに、中途半端な探究学習となる要因と考えられます。

また高等学校の学習指導に対する調査2022（ベネッセ教育研究所）[12]は、「探究活動における学校・教師の課題」について、「活動のプロセスや成果を評価することが難しい（84.8％）」と、探究学習の評価の難しさを１位に挙げています。次は「科学的に探究するための方法論を教えるのが難しい（84.6％）」「探究を指導する時間が十分に取れない（84.6％）」と続いており、リクルート進学総研（2022）の調査と一致しています。では、探究学習の評価の難しさは、どのような難しさなのでしょうか？

第五節　探究学習の評価
(1) 評価の三角形

教育研究公開シンポジウム[13]のなかで齊藤萌木[14]が、評価の三角形として、アクティブ・ラーニングの評価の特徴である客観性の低さについて、次のように説明をしています。

評価の三角形とは、三角形の各頂点に「観察：教師の見取り」「解釈：見取りの解釈」「認知：教師の評価」を配置したものです。

齊藤が「評価の三角形」のなかで挙げている事例では、アクティブ・ラーニングを行っているなかで、次のように分析を行っています。

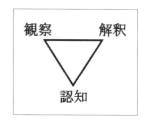

図1　評価の三角形

①観察：Ａさん347発話、Ｂさん36発話
②解釈：ＡさんはＢさんより数多く話をしている
③認知：たくさん話している子の方が主体的に課題に取り組んでいるに違いない

と、評価を行う場合があります。これに対して、次のような観察からは異なる解釈と認知となります。

④観察：話している中身を見ると、Ａさんは内容に関する発話10％、Ｂさんは内容に関する発話86％
⑤解釈：主体的に内容を理解しようとしているのはＢさん
⑥認知：学び方は多様なので、たくさん話している子の方が主体的に課題に取り組んでいるとは限らない

と、異なる評価を行う場合があることを示しています。

このように、教師が量的な側面から評価する場合と、質的な側面から評価する場合では、異なる評価となることが容易に予想できることから、アクティブ・ラーニングについて、生徒・保護者ともに説明を行い、100点満点換算の評価方法が難しく、３段階や４段階などの段階評定法が適していることについて理解を求めることが重要であることを示しています。

(2) 指導と評価の一体化

そのためアクティブ・ラーニングの指導方法は事前に作成したルーブリック（学習の成功の度合いを示す数レベル程度の尺度と、それぞれのレベルに対応するパフォーマンスの特徴を示した記述語（評価規準）からなる評価基準表）を作成し、評価基準表に基づき評価を行うことが重要です。

「『指導と評価の一体化』のための学習評価に関する参考資料高等学校総合的な探究の時間」[15]では、探究学習の評価について、指導との一体化により実施する方法や内容を詳細に解説しています。探究学習の指導の始めに、「カリキュラム・マネジメントの一側面として『教育課程の実施状況を評価してその改善を図っていくこと』」を目的としてルーブリックの作成が必要と説明されています。具体的には、PDCAサイクルを用い（Plan：指導計画等の作成、Do：指導計画を踏まえた教育の実施、Check：生徒の学習状況、指導計画等の評価、Action：授業や指導計画等の改善）、指導計画等の作成から改善までを想定し、理解したうえで設定することが必要とされています。

第三章　探究学習を先導するSSH・学校設定教科

　ここまでみてきた高等学校での探究学習を先導するものとして、すでに実施されている二つの取り組みを紹介します。

第一節　スーパーサイエンスハイスクール（SSH）支援事業

　2002年度より文部科学省が全国から26高等学校を選抜し、スーパーサイエンスハイスクール（SSH）支援事業が始まり、現在では約200高等学校が指定を受けています。これは文部科学省が、「将来国際的に活躍しうる科学技術人材の育成を図るため、先進的な理数系教育を実施する高等学校等を『スーパーサイエンスハイスクール』として指定し、理科・数学等に重点を置いたカリキュラムの開発・実践や課題研究の推進、観察・実験等を通じた体験的・問題解決的な学習等を平成14年度より支援」（文部科学省2023）するものです。このSSH事業に関しては、「SSH指定校においては、理数系以外の教科等の授業改善にSSH活動の成果を生かすなど、課題研究を中心とした教育課程と各教科等の連携を図ることが必要である。またこのように、対象を自然科学だけでなく、人文科学等を対象とした課題研究を推進することは、STEAM教育とも方向性を同じくするものである」（文部科学省2020）[16]とされており、理系のみならず、人文科学系の課題研究の推進にも波及効果が期待されています。
（STEAM教育については、国際的に見ても、各国で定義が様々であり、STEM（Science, Technology, Engineering, Mathematics）に加わったAの範囲をデザインや感性などと狭く捉えるものや、芸術、文化、生活、

経済、法律、政治、倫理等を含めた広い範囲で定義するものもある。文部科学省中央審議会答申より抜粋）

第二節　学校設定教科・科目の設置

　1999年3月「高等学校学習指導要領」改定において、「学校設定教科」「学校設定科目」の設置が示され、2000年より実施されました。

　学習指導要領総則第2款各教科・科目及び単位数等[17]の「4学校設定科目」において「学校においては、地域、学校及び生徒の実態、学科の特色等に応じ、特色ある教育課程の編成に資するよう、上記2及び3の表に掲げる教科について、これらに属する科目以外の科目（以下「学校設定科目」という）を設けることができる。この場合において、学校設定科目の名称、目標、内容、単位数等については、その科目の属する教科の目標に基づき、各学校の定めるところによるものとする」と示しています。飯田・遠藤（2002）[18]は、「『学校設定教科・科目』は、高等教育の多様化の流れと、教育課程に対する国の統制の緩和の流れが交差する点に生まれてきた」と分析しています。

　また、「5学校設定教科」では「地域、学校及び生徒の実態、学科の特色等に応じて『学校設定教科・科目』を設けることができる」としています。さらに「学校設定教科に関する科目として『産業社会と人間』を設けることができる」としています。その内容は、「産業社会における自己の在り方生き方について考えさせ、社会に積極的に寄与し、生徒の主体的な各教科・科目の選択に資するよう、就業体験等の体験的な学習や調査・研究などを通して」、「社会生活や職業生活に必要な基本的な能力や態度及び望ましい勤労観、職業観の育成」や、「我が国の産業の発展、社会の変化についての考察」を促し、「自己の将来の生き方や進

路についての考察すること」など、設定の目的を示しています。

　探究学習の実施に伴い、探究学習を行うために「学校設定教科」「学校設定科目」が設定されており、本書で紹介する三条高等学校、国際情報高等学校、新潟南高等学校においては、それぞれ探究学習の目標に合わせた「学校設定教科」を設定し、探究学習の時間確保とともに学習の充実を図っています。

第四章　探究学習に影響を与えるコロナ禍とGIGAスクール構想

第一節　コロナ禍の影響

　2019年末以来、世界的なコロナ・ウィルスの蔓延に伴い、国内では2020年2月27日より当時の安倍晋三首相が全国一斉の臨時休校を要請し、この年の6月の解除まで、臨時休校が続きました。臨時休校の解除後も、授業では声を出す学習方法が控えられ、修学旅行や体育祭などの学校行事の中止や縮小が続けられました。探究学習も同様に、グループワークなどの授業方法は変更となり、校外の企業・行政・地域でのインタビュー調査などの活動は大幅に制限されました。アクティブ・ラーニングや社会的な課題解決など、探究学習のメインとなる活動ができなくなる状況において、全国の高等学校は非対面で行うことができる内容や方法を模索せざるを得ず、カリキュラムの変更に取り組みました。

第二節　GIGAスクール構想

　文部科学省が2023年度までに全ての児童生徒に学習用端末（タブレット）を準備し、高速大容量の通信ネットワークの整備を進めるというGIGAスクール構想[19]を前倒しし、コロナ禍におけるオンライン授業の実施などを念頭に置き、2021年3学期には96％の自治体で小学校・中学校での配布が完成しました[20]。高等学校でも2021年度補正予算（第1号）に計上された新型コロナ・ウイルス感染症対応地方創生臨時交付金の拡充分を活用することが可能と明言があり、各都道府県議会は1人1台の学習用端末の整備に取り組みました。

第四章　探究学習に影響を与えるコロナ禍とGIGAスクール構想

　学習用端末を高校生が1人1台与えられ、校内の高速大容量通信ネットワークが整備されることにより、探究学習においても学習方法が大きく変化したと言えます。これまでコンピュータ教室に設置された1クラス分40台のコンピュータだけがインターネットにつながり、調べ学習などに使用されていましたが、校内に一つのコンピュータ教室が整備されている状況では、学年全体の探究学習の時間に、全ての生徒が同時に情報検索を行うことは不可能でした。1人1台の状況が実現されたことで生徒の情報検索においての利便性は飛躍的に向上しました。また、オンラインでのやり取りが一般化したことにより、探究学習においても遠隔地の人とつながることが可能となりました。探究テーマに関わる人へのインタビュー調査や、話し合いなども可能となり、発表会などを他の高等学校と共有することも可能となり、探究学習の実施方法に大きな変化をもたらしています。

第五章　各高等学校の取り組みの分類

　探究学習のカリキュラムの構成要素は多岐にわたっています。そこで、新潟県内の高等学校の探究学習について、カリキュラム構成要素や運営方法などを整理し、探究学習の目的の実現可能性を高めるカリキュラムの構築について提案することを目的として、インタビュー調査を行いました。

　インタビュー調査では、高等学校での担当教諭が、前年度までの取り組みから見いだした課題を、次年度にどのように改善し、カリキュラムの再構築を行ったのかという点に注目しました。インタビューでは、以下の質問項目を準備し、必要であればその内容を深く質問していく半構造化インタビュー方法を用いました。

【質問項目】
1．所属、氏名、担当
2．3年間を見通したカリキュラム、カリキュラム・マネジメント
3．目標、他教科との連携、他の活動・行事などとの連携、指導体制
4．1年次・2年次・3年次における活動内容
　　　年間実施回数、学年全体での活動・グループ活動、指導体制、評価内容・方法
5．外部との連携、外部指導者の導入の有無、導入回数、謝金の有無
6．校内教員研修、外部での研修
7．評価内容・方法
8．生徒の変容の様子
9．質問1～9などについて、前年度までの課題と次年度の改善内容

第一節　新潟県立三条高等学校

　新潟県立三条高等学校は、「明治35（1902）年に開校し、今年、創立122年目を迎える地域の伝統校です。これまで輩出した３万人を超える卒業生は、地元地域はもとより、国内外においても、政治、経済、産業、文化、教育等あらゆる分野で活躍し、社会の発展に貢献してきました」と高等学校のサイト[21]に紹介されています。１学年６クラスで18クラス約720名が学ぶ、新潟県内でも屈指の進学校です。2021年度に文部科学省よりＷＷＬ（ワールド・ワイド・ラーニング）コンソーシアム構築事業のプログラム開発拠点校[22]の一つに選出され、前年まで実施していた探究学習「燦光（さんこう）プラン」を「グローカル探究」と名称と内容を大きく変更し、現在進行中（2024年４月現在）の探究学習を実施しています。内容的にも大きく変化した探究学習について、カリキュラム・マネジメントの視点から、担当教諭にお話を伺いました。

　「これまで実施していた総合学習『燦光プラン』を２段階で現在の探究学習のカリキュラムへと変更しました。まず、2019年度以前のカリキュラムでは、２年次に修学旅行と関連させ平和学習をメインにカリキュラムが組まれていましたが、2020年度入学生より、２年次に平和を含めた多様な八つの探究テーマから選択できるように変更しました。３年次には、主体的な社会貢献に向けた『私の進路設計』を作成し、発表するスタイルを、これまでの総合学習から引き継ぎ実施しました。校内組織として『総合探究委員会』が組織され、それまで進路指導部主体で実施されていた総合学習とは、若干の変更を加えました」

　このように、2020年度入学生は、１年次では総合学習のカリキュラムを行い、２年次から2022年度から前倒しして先行実施する探究学習スタ

イルを取り入れて探究テーマの幅を拡大、3年次にはマイナーチェンジで「私の進路設計」としての発表へと改編を行っています。校内組織としても、キャリア形成的な内容のこれまでの総合学習は進路指導部が主体となって実施していましたが、探究学習では学年主体の「総合探究委員会」がマネジメントの主体となるよう変更されています。

次の探究学習（グローカル探究）への変更についてはどのように実施されたのか、インタビューから抜粋します。

「WWLの指定に向けて、グランドデザインをゼロから再構築しました。探究テーマは『地域課題を踏まえながら、グローバルな課題と共通するSDGs達成に向けて、地場産業、農業・食料、環境を基本テーマに、課題研究を行う』という、壮大なテーマを設定しました。また、目的として『(1) 将来、新たな社会（Society5.0）を牽引し、世界で活躍できるビジョンや資質・能力を有したイノベーティブなグローバル人材の育成 (2) 高校と国内外の大学、企業、国際機関等が協働し、高校生に高度な学びを提供する仕組み（コンソーシアム）を構築し、カリキュラムを開発』することを掲げ、地域からグローバルへという広大なフィールドの設定と、国内外の高校や大学・企業などとの協働によって、高校生にどのような学習の機会を提供してあげられるのか、そしてそれをどのように実施するのかなど、数多くの課題を抱えました。特に1年目で指定が決定したことにより、十分とは言えない準備状況でスタートし、そこにコロナ禍が加わり、当初の計画を修正するなど、カリキュラムの改編の連続でした」

総合学習から2年間の先行実施時期があったとはいえ、巨大プロジェクトであるWWLをゼロベースで構築する作業は、管理職を含めた担当教諭で、何十時間もの検討が必要であり、また2022年度より探究学習が

開始され、当初の計画がコロナ禍で打撃を受け大幅に再修正が必要となるなど、カリキュラム・マネジメントの苦労が伝わってきます。

「特に地域企業でのフィールドワークや、海外の高校との交流など大幅に制限される中での探究学習でした。コロナ禍においても校外の指導者による講演やフィールドでの経験について感想を書かせ、振り返りを行うことは実施していましたが、探究テーマのどの部分に、何をアウトプットとして組み込むのか、生徒一人一人が探究学習にどのように取り込んで生かせるのかなど、校外指導者からのフィードバックや、それを支援する高校教諭の在り方などについての課題が残っています。またカリキュラムの『情報』『英語』に、学校設定教科・科目としてWWLに関する時間を入れたことで、探究学習の時間的な保障と、教科・科目との連携も深まっており、今後も、他の教科・科目との連携を行いたいと考えていますが、各教科・科目の授業内容と探究学習をどのように連動させるか、今後検討を続けていきます」

海外での高校生間の交流を計画しているなか、コロナ禍となり、カリキュラムを変更しなければならない状況下で、大幅なカリキュラム変更を行うなどマネジメントが成功した事例と言えます。

三条高校（2019年度）燦光プラン（2019年度～2022年度）

NO	項　目	内　　容
1	探究学習の目的	現代社会の諸課題から自分で課題を設定し、他者と協力しあいながら、課題の解決に向けた探究活動を行う（2019・2020年度）
2	前年までの内容からの見直し	仮説検証型の探究活動を取り入れる 2学年では、平和を含めた各々の分野を決めて、探究テーマを設定し、学習活動を行う

NO	項目	内容
3	基本的な考え方（カリキュラム・マネジメント方針）	（1）生徒は下に挙げる課題を探究するグループから一つを選択する。各グループにはグループ担当の教員がつく ・環境に関わる課題・流通と経済に関わる課題・社会と生活に関わる課題・医療に関わる課題・食に関わる課題・科学技術に関わる課題・教育に関わる課題 （2）各グループを、5名程度の班に分け、班ごとに探究するテーマを決定する （3）全ての教員は、グループの担当となり、「グループ担任」として生徒の指導にあたる （4）活動形態は、内容に応じて、学年、クラス、グループ、班単位などとする
4	指導と評価の一体化	（3）年度末に評価を行い、指導要録に記載する
5	地域・日本・世界への発信	特記事項なし
6	中間評価の実施	実施せず

1学年

NO	項目	内容
1	活動名	燦光プラン ～2020年度
2	目標	自身の興味関心を知り、現代社会の諸課題を発見する 2019年度 （1）グループで課題を探究し、解決策を検討し、発表する。その過程で課題を明確にして、情報を収集・整理・分析し、他者と協同して発表する力をつける （2）グループ活動をもとに自分の意見を研究論文にまとめることで、主張を客観的に構築し、論理的に表現する力をつける 2020年度 （1）現代社会の諸課題についてグループで課題を発見する。仮説検証型の探究活動を行い、発表する （2）多様な価値観を尊重しながらグループとしての解決策を模索することで、コミュニケーション能力を高める
3	授業単位	（1）各学年1単位を実施するが、週時程には入れない （2）1単位時間55分として、年間32回行う
4	指導体制	（1）総合的な探究の時間の実施計画案の作成及び運用を行うための「総合探究委員会」を設置する

		(2) 構成員は各学年2名、教務1名、進路1名、教頭の計9名とする (3) 総合的な探究の時間の実施には「総合探究委員会」が中心となり、学年担任、学年副担任、グループ担任と連携を取りながら行う
5	探究テーマ	生徒は下に挙げる課題を探究するグループから一つを選択する。各グループにはグループ担当の1名の教員がつく ・環境に関わる課題・流通と経済に関わる課題・社会と生活に関わる課題・医療に関わる課題・食に関わる課題・科学技術に関わる課題・教育に関わる課題

2学年

NO	項　目	内　容
1	活動名	燦光プラン　〜2021年度
2	目標	(1) 現代社会の諸課題を、興味関心のある学問分野から捉え直し、探究活動を行う (2) 仮説を検証するにあたり、根拠を明確にし、論理的思考力を高める (3) グループで導いた結論を的確に表現し、発信力を養う
3	授業単位	1単位（年間32回）
4	指導体制	学年団をベースに、担任・副担任で分担する

3学年

NO	項　目	内　容
1	活動名	燦光プラン　〜2022年度
2	目標	(1) 1、2学年で学習した内容を自身の進路志望と関連させて、主体的な社会貢献に向けた「燦光レポート」を作成する （2020年度〜2022年度） (1) 1、2学年で探究した内容を自身の進路志望と関連させて、主体的な社会貢献に向けた「私の進路設計」を作成し発表する
3	授業単位	1単位（年間32回）
4	指導体制	学年団をベースに担任・副担任で分担する

三条高校（グローカル探究）2021年度～

NO	項　目	内　　容
1	探究学習の目的	Think Globally, Act locally toward SDGs 地域課題を踏まえながら、グローバルな課題と共通するSDGs達成に向けて、地場産業、農業・食料、環境を基本テーマに、課題研究を行う
2	前年までの内容からの見直し	○具体的なテーマ設定と探究活動の深化 　SDGsという枠を設定することで、テーマ設定についての方針を明確化するとともに、SDGsへの貢献という目的の明確化により探究活動へのモチベーションと深化を図る ○ネット検索を中心にした調べ学習からどのように脱却させるか 　対策：フィールドワークの機会を設ける 　→課題：生徒が活動する機会（時間）をどのように確保（指導）するか ①教員の関わり方 　頻度、程度の見極めの難しさ、関わりすぎない、任せすぎない、観察と声かけによる探究活動の進捗把握 ②校外との関わり方 　研究者、自治体職員、事業所職員、学生等学校職員以外の助言は効果的。生徒の発表を校外の方々に聞いてもらい、講評、助言をもらう機会をつくった。助言等を生かす機会がない→助言を探究に生かし、深化や実践につなげたい ③生徒は、探究活動が自分のスキル向上につながる手応えを実感している層がある。一般教科とは異なる取り組み姿勢が確認される生徒もいる ④外部指導者や講師の手配 　WWL事業中はよいが、事業費がないと謝金等の予算確保が課題。専門的な知見に触れる機会としては効果的。大学が行っている出張（出前）講義の活用
3	基本的な考え方（カリキュラム・マネジメント方針）	1年次：SDGsを入り口に、現代社会が抱えている諸問題について、グループによる探究活動を行う 2年次：1年次に習得したグローバル視点を踏まえ、地場産業、農業・食料、環境を基本テーマに、地域が抱える課題について探究活動を行う 3年次：1・2年次の探究活動を踏まえ、グローバル課題、地域課題の解決に自らがどのように関わっていくかを、自らの進路や進学先での研究と結びつけて具体化する

4	地域・日本・世界への発信	探究活動の成果をまとめた概要版を作成し、年度末に報告集を作成する 英語での発表、英語版HPでの発信を行う
5	中間評価の実施	中間発表会を実施する
6	連携	WWLコンソーシアム構築事業 文部科学省から都道府県教育委員会等への委託事業 目的 （1）将来、新たな社会（Society5.0）を牽引し、世界で活躍できるビジョンや資質・能力を有したイノベーティブなグローバル人材の育成 （2）高校と国内外の大学、企業、国際機関等が協働し、高校生に高度な学びを提供する仕組み（コンソーシアム）を構築し、カリキュラムを開発 　全国のカリキュラム開発拠点校：28校 R元年度指定：10校、R2年度指定：12校、R3年度指定：6校（三条高等学校含む） 構想名　希望に満ちた未来を創るリーダー育成システムの構築 　　～地場産業の町・日本の穀倉地帯からSDGs達成を目指す～ 地域課題を理解するとともに、海外連携を通じて視野を広げ、課題解決を目指し、科学技術を活用しながら探究、地域、県、世界をつなぐネットワークを構築 連携先 （県内高校等）新潟南、新発田、長岡、柏崎、高田、国際情報、三条東、新潟県央工業、三条商業、加茂農林、燕中等 （海外高校）ベトナム、中国、ロシア、アメリカの高校 （大学）新潟大学、長岡技術科学大学、新潟県立大学、三条市立大学 （企業・団体）三条商工会議所、燕商工会議所、JAグループ新潟など

1学年

NO	項　目	内　　容
1	活動名	SDGsについて理解を深め、世界的な課題を確認し、その解決に向けた方策を探究する
2	目標	特記事項なし

NO	項目	内容
3	授業単位	学校設定教科「WWL」 2021年入学生（旧カリキュラム） 　学校設定科目「グローカル探究」（1単位：年間32回） 　「WWL情報」（2単位：年間64回）適宜1単位を探究活動に援用 2022年度（新カリキュラム） 　学校設定科目「グローカル探究」（2単位：年間64回） 　WWL情報科学（1単位：年間32回） 　WWL論理・表現Ⅰ（3単位：年間96回）
4	指導体制	WWL事業部が分担（2021年度） 学年団・WWL事業部で分担（2022年度～）
5	探究テーマ	グローバル課題の発見と解決に向けた提言・提案 地域からグローバルへ SDGsからグループ作成（クラス単位3～4）
6	発表会	全国大会12月1グループ参加

2学年

NO	項目	内容
1	活動名	地域課題の発見と解決に向けた探究を行う
2	目標	特記事項なし
3	授業単位	2021年度 　学校設定科目「グローカル探究」（1単位：年間32回） 　「SDGs世界史」（1学期2単位の1時間） 　適宜1単位を探究学習に援用 2022年度（新カリキュラム） 　学校設定科目「グローカル探究」（2単位：年間64回） 　1単位を授業時間割に組み込む 　WWL情報科学（1単位：年間32回） 　WWL論理・表現Ⅱ（3単位：年間96回）
4	指導体制	WWL事業部と学年団で分担
5	探究テーマ	地域課題の発見と解決に向けた提言・提案 クラス単位でグループ作成（3～4人）

3学年

NO	項　目	内　　容
1	活動名	世界的視野と地域課題の関係性の理解を深め、その解決に自分がどのように貢献するかを考え、自分の進路実現と将来設計に結びつける
2	目標	特記事項なし
3	授業単位	学校設定科目「グローカル探究」（1単位：年間32回） 　2023年度は時間割外、2024年度から授業時間割内
4	指導体制	WWL事業部と学年団で分担 進路指導部との連携
5	探究テーマ	2023年度 　SDGs達成、地域課題の解決に自分がどのようにかかわり、貢献していくか、についての進路設計 2024年度 　志望理由書、学修計画書（探究を生かして）

第二節　新潟県立国際情報高等学校

　新潟県立国際情報高等学校は、1992年4月新潟県南部の魚沼地区に新設され、「学ぶ青春　意気高く」という校訓、「進取の精神と豊かな人間性を身につけ、国際・情報社会で活躍できる心身ともに健康な人間を育成する」という学校教育目標を掲げています。また「1期生以来、一貫して現役での9割前後という高い大学等進学率を維持し続けています」と同校サイト[23]に示されているように、進学を強く意識した高等学校と言えます。また同サイトに「平成21年度から継続してユネスコスクール[24]に加盟」「平成25年度に『海外大学進学コース』を設置」「平成26年度は文部科学省より『スーパーグローバルハイスクール・アソシエイト校』、平成27年度から令和元年度までは文部科学省スーパーグローバルハイスクール[25]の指定」「平成28年度から学校設定科目『スーパーグローバル

国際（SGK）』、『スーパーグローバル情報（SGJ）』を設置」と、全国でも数少ない文部科学省のグローバル事業を中心として、グローバル人材の育成を学校目標やカリキュラムに取り入れており、探究学習においてもこの目標に沿ったカリキュラム・マネジメントを行っています。現在は1・2学年3クラス、学年4クラスで計10クラス規模の高等学校です。現在進行中（2023年4月スタート）の探究学習について、カリキュラム・マネジメントの視点から、担当教諭にお話を伺いました。

「本校の探究学習のキーワードは『グローバル』です。以前のスーパーグローバルハイスクール（SGH）や、現在の3年生が最終学年となる『海外大学進学』の流れを受けています。コロナ禍で中止されていた海外研修も、昨年度より米国（シカゴ）、オーストラリア（シドニー）の高等学校への訪問交流も再開されました。また、本校の近くにある国際大学との交流も深まっています。また、2022～2023年は『魅力と活力ある学校づくり推進事業』を新潟県教育委員会より指定され、前年まで第1クールに基本的な知識などを学び、第2クールにクラスを跨いで、六つの分野からなるグループに編成しなおし、それぞれのグループが探究テーマを設定し活動するカリキュラムとしています」

このように、これまで実施されていた総合学習・探究学習のカリキュラムが、2015～2024の5年間実施されたスーパーグローバルハイスクール（SGH）の指定、2013～2022年までの海外留学コースの設置と廃止、2022～2023年の「魅力と活力ある学校づくり推進事業」指定により大きく影響を受けていると言えます。しかし学校教育目標としては、一環して「グローバル」をテーマとして貫き、これが学校目標や総合学習・探究学習のカリキュラム構成の基本となっていることが特徴的です。また、カリキュラム・マネジメントからの視点では次のようにお答えいた

だきました。
　「SGHから継続的に全職員が探究学習の指導を行っています。各学年で１名の教諭が２～３グループを担当し指導しています。また平成23年に同窓会が中心となり、世界に通じる活躍が期待できる人材の育成を目的とした生徒支援制度である『KJノーベルプロジェクト』が創設され、令和３年度に『KJ探究奨学基金』へと継承されています。近年は探究活動に対しても補助をしていただいていることで活動が校外に広がり、社会や企業との連携も多くのグループが行うことが可能になっています。近年は近隣の中学生が本校の探究学習の発表会に参加するなど、高校生の探究学習への関心も高くなっています。一つだけ運営で難しい点は、探究学習が定期的に時間割に入っていないため（集中講義的に実施）、教師と生徒との連携に時間的間隔が空いてしまう点です」
　高等学校独自に探究学習の予算がある程度保障されている点は、運営するうえで、大変安心できる点です。SGH・「魅力と活力ある学校づくり推進事業」など期限が限られている予算配分に頼ったカリキュラム・マネジメントを行ってしまうと、予算配分が途切れた際に前年まで実施されていた活動が一挙に縮小されてしまい、活動の継続性が困難となり、それまで作られた人的なネットワークも消滅してしまいます。持続可能な探究学習のカリキュラム・マネジメントに、予算の裏付けが重要であることが明らかになりました。

国際情報高校（探究学習）

NO	項 目	内 容
1	探究学習の目的	「魅力と活力ある学校づくり推進事業」2022～2023年新潟県教育委員会指定 探究活動を軸にしたグローバル人材育成へのアプローチ (1) グローバルな視野をもった責任ある「人」の育成 (2) 学校独自の教育メソッド「KJサイクル」の改善 (3) グローバル人材の育成につながる持続可能な探究型学習プログラムの開発 ①特色ある教育課程の編成等 ②国内外における交流等の在り方の検討等 ③探究活動の充実を図る指導計画等の策定 　・3年間を見通したコンピテンシーベースの探究型学習プログラムの開発と運用 　・「指導と評価の一体化」を目指した評価法の開発と運用 　・国内外の探究活動成果発表会、コンテスト等への参加
2	前年までの内容からの見直し	・KJサイクルの見直し ・新たな交流形態の構築 ・リベラルアーツ型学校設定科目の設定 探究型学習プログラムの開発と特色ある教育課程の編成 ⇒育成すべき「グローバル人材」の再定義 多様な大学入学選抜にも対応できる力の育成、一人一人が目指す進路の実現 グローバル人材育成のためのコアコンセプトの再定義 グローバルな視野をもった、責任ある「人」の育成
3	基本的な考え方 （カリキュラム・マネジメント方針）	「学校教育」の充実・学校の特色化・魅力創出・地域と連携した人づくり ・探究型学習プログラムの開発と特色ある教育課程の編成 ・リベラルアーツ型学校設定科目の設定 　「海外大学進学コース」の取り組み成果を継承・活用（2022年入学まで）SGHの成果を生かした、探究活動の継続・発展 ⇒グローバルな視野をもった、責任ある「人」の育成 　総合的な基礎学力の育成・グローバルな視野の育成・非認知的能力の涵養 ・体系的な指導プログラムを構築 ・資質・能力・コンピテンシーベース

		・キャリア観の醸成 ・活動をとおして他者と協働・新たな視点を獲得 ・学びに向かう姿勢の育成 ・地域諸団体・社会教育・国際交流等が相互に乗り入れできるプラットフォーム的なカリキュラムを構築 ・体系的な指導プログラムを構築 ・資質・能力・コンピテンシーベース
4	指導と評価の一体化	・指導と評価の一体化⇒評価法の研究 ○学習者にとって：①自身の現状を客観的に捉るためのもの 　　　　　　　　②今後の主体的な成長・活動改善に向けた検討材料 ○伴走者にとって：①学習者の"つまずき"を理解し共有するためのもの、②生徒の自走性を高めるための今後の指導方略の検討材料
5	学校推薦型選抜・総合型選抜に挑戦する際のエビデンスを構築する	○非認知的な能力の変容を客観的に可視化 ○生徒本人が改めて活動と、活動を通した変容を振り返る ○面接・小論文等の指導担当者との情報共有にも活用
6	中間評価の実施	◎KJ標準ルーブリックを用いる ・各能力の5段階それぞれの内容を、できるだけ平易な表現で作成 ・具体的なレベルの基準（各レベルの質的な転換点を分かりやすく） ・レベルアップのためのポイント（教員にとっては指導方略策定のヒント） ・各能力ごとの、各レベルにおける基準となる徴候を表す記述語（優れている点・改善が必要な点を明確に示す） ◎年3回の中間評価を計画（5～7月・8月～12月・1月～3月） ①ルーブリックの記述語を基にその期間の活動における重点的な能力の活動前後の変容を評価する ②これまでの取り組みについて、活動による成長やまだ不足していると感じる点、今後の課題について自身で振り返る ③グループ内における役割や貢献度等について自身で振り返る。指導にあたる教員も、同じルーブリックを用いて生徒の活動を評価する

7	学校設定教科・学校設定科目	2021年度入学生　国際文化科 　　教科：国際文化　　科目：国際理解、国際地域文化研究 　　教科：英語　　　　科目：英語表現A、B、上級英語 　　（海外大学進学コース生のみ） 　　教科：国際文化　　科目：グローバルスタディーズⅠ、Ⅱ 2022年度入学生　国際文化科 　　教科：国際文化　　科目：国際理解、国際地域文化研究 　　（海外大学進学コース生のみ） 　　教科：国際文化　　科目：グローバルスタディーズⅠ、Ⅱ 2023・2024度入学生　国際文化科 　　教科：国際文化　　科目：国際理解・国際地域文化研究 　　教科：情報科学　　科目：データ・サイエンス 　　情報科学科　教科：情報科学　科目：データ・サイエンス

1学年

NO	項　目	内　　容
1	活動名	KJ探究ベーシック
2	目標	グローバルで探究的な視点及び、探究活動を進めるために必要な資質・能力を身につける
3	授業単位	「総合的な探究の時間」（1単位：年間32回）
4	指導体制	グローバル部及び学年担当による全体指導、班の担当教員による個別指導を軸とした指導体制
5	探究テーマ	興味関心に基づき、問題意識持つテーマについて取り組む
6	実施内容	2022年度 第1クール（魚沼学） ・探究諸能力（課題発見力・仮説設定力・計画力・実証力・考察力）・資料を活用する力・アントレプレナーシップ・国際理解力・SDGsの理念等の学習・育成 第2クール ・ミニ探究活動：統一テーマを設定し、全5～10時間程度の探究活動・探究のテンプレートに沿った調査・報告 2023年度 ・ミニ探究活動「医療系」「自然科学」「情報系・工学系」「地域・環境系」「国際系」「人文学・教育系」などの分野⇒グループ3～6名のグループ、発表会

| | | 2024年度
前半（探究基礎講座）：資料を活用する力・文章の読み方・論理的文章のまとめ方・批判的思考力等の育成
後半（ミニ探究活動）：「医療系」「自然科学」「情報系・工学系」「地域・環境系」「国際系」「人文学・教育系」などの過去の本校の研究の追研究 |

2学年

NO	項　目	内　　容
1	活動名	KJ探究ゼミ
2	目標	探究活動を通し、世界の地域課題に取り組み、国際舞台で活躍するための資質・能力を身につける
3	授業単位	「総合的な探究の時間」（1単位：年間32回）
4	指導体制	グローバル部を中心に学年所属の全職員で指導を行う。全体への指導はグローバル部が行い、個別の研究については各探究班に主担当・副担当の2名の担当職員がつき指導を行う
5	探究テーマ	全体で統一した探究テーマは設けず、各自の進路希望や興味・関心に合わせて「医療系」「自然科学」「情報系・工学系」「地域・環境系」「国際系」「人文学・教育系」で班を作り、探究のテーマを設定させる
6	実施内容	第1クール ・課題発見・サーチクエスチョン及び仮説の設定・各種発表会参加 第2クール ・調査計画の策定・調査・調査結果の分析・考察・調査結果に基づく仮説の再設定・各種発表会参加 第3クール ・追加調査・調査結果の分析・考察・調査結果の報告・各種発表会参加
7	外部連携先	国際大学・南魚沼市立大和中学校・南魚沼市立浦佐小学校　浦佐認定こども園・南魚沼市役所・南魚沼市観光協会浦佐観光案内所・池田記念美術館・八海山麓スキー場・一般社団法人雪国青年会議所・よりそうsmile・JR東日本浦佐駅

3学年

NO	項　目	内　　容
1	活動名	KJ探究ゼミでの成果を踏まえた進路探究
2	目標	２年次までの活動を基に自身の適性を分析し主体的な進路探究を行う
3	授業単位	「総合的な探究の時間」（１単位：年間32回）
4	指導体制	探究企画課・進路指導部による全体指導、学級担当による個別指導を軸とした指導体制
5	探究テーマ	進路探究
6	実施内容	・自己分析、進路探究 ・卒業と進路実現に向けた取り組み ・発表会参加

第三節　新潟県立新津高等学校

　新潟県立新津高等学校は、1921年（大正10年）県立新津女学校として創立され、1948年（昭和23年）県立新津高等学校と改称し、男女共学になりました。2021年に100周年を迎えた伝統ある高等学校です。「新津高校の校訓は、『學ぶは髙き人の道』です。『學ぶことによって徳性の高い人間となる』という意味です。その校訓のもと、『しなやかな心』と『あたたかい心』を持つことを重んじ、自分の能力は努力によって伸ばすことができると信じて一生懸命取り組む生徒、相手の立場で物事を考え、思いやりの心や正義の心を身につけられる生徒を育成しています」と同校サイト[26]に示されています。現在は各学年６クラスで計18クラス規模の高等学校です。現在実施されている（2023年４月スタート）探究学習について、カリキュラム・マネジメントの視点から、担当教諭にお話を伺いました。

　「本校の探究学習は、それまでの総合学習がクライムアップ・プロ

ジェクト（キャリア形成を軸とした学習）として進路意識啓発を目的とする内容であったものから、探究学習の委員会を中心に、ゼロから再構成を行い現在のクライムアップ・プランが実施されています。1年次に基礎的な探究に関わる知識やスキルを学習し、2年次からクラスを解体してグループ分けを行い、多様な探究テーマに取り組むカリキュラムとしています。校内組織では、進路指導部兼学年部の教師が、その担当学年の探究学習のまとめ役となり、マネジメントを実施しています。2021年度より三菱みらい育成財団探究助成事業に採択され、活発な探究学習の実施が可能になっています。グループでの探究テーマの設定活動や、中間発表会、最終発表会などに多くの新潟県内の大学・短大の先生方に指導者として来校いただき、専門的な視点からの支援をいただいています」

特に、生徒一人一人の探究に対する意欲や認識の醸成のために、各分野の有識者を数多く投入することにより、生徒の探究に対する取り組み姿勢が大きく変化していることが実感されています。また、このような外部指導者による支援は、現場の教師の負担の減少を可能としています。

「現在、クライムアップ・プランを実施し、そのフィードバックとして、1年次での探究のスキルなどの一般的な知識を生徒自身が獲得するためには、具体的な課題に取り組みながら、その都度スキルに関して、理解を深めていくことが重要だと考えています。3年間の3サイクルのなかで、探究的素養や論理的に考える力など『型を習得させ、定着させること』を目標として、カリキュラムの内容や実施方法も変更していきたいと考えています」

同校のカリキュラム・マネジメントにおいては、教師が「何が不足し、

何を加えていかなければならないのか」という視点を持ち、目の前の生徒の理解度や意欲、関心度など多様なシグナルを受け取ることによって、はじめて現在のカリキュラムの改編のための指針を持つことが可能になるという考えに立って、よりよいカリキュラムへの再構築を進めていると言えます。

新津高校（クライムアップ・プラン）

NO	項目	内容
1	探究学習の目的	探究の見方・考え方を働かせ、横断的・総合的な学習を通して社会の一員としての自己の在り方、生き方を考え、次代の社会を創るという観点から課題を発見し、他者と協働して解決に向かう普遍的な資質・能力を育成する
2	前年までの内容からの見直し	骨子の大幅な見直しはなし 各学年の意向による具体的計画の変更はある
3	基本的な考え方（カリキュラム・マネジメント方針）	特記事項なし
4	指導と評価の一体化	観点別による大まかなルーブリックを作成 活動中の態度、成果物、発表による評価
5	地域・日本・世界への発信	成果発表会を公開

1学年

NO	項目	内容
1	活動名	仮説検証型探究学習
2	目標	リサーチクエスチョンに関する仮説検証の活動を通して、探究サイクルを経験し、探究に関わる知識・スキルを習得
3	授業単位	1単位：年間35回（週1時間時間割に組み込まれている）
4	指導体制	1学年の担任・副担任が担当する
5	探究テーマ	各生徒の関心がある分野の資料を基に設定したリサーチクエスチョン

2学年

NO	項目	内容
1	活動名	学問を拓く―課題研究（グループ研究）
2	目標	課題研究を通して探究サイクルを経験し、探究に関わる知識・スキルを応用、実践
3	授業単位	1単位：年間35回（週1時間時間割に組み込まれている）
4	指導体制	2学年の担任・副担任が担当
5	探究テーマ	学問的な視点から自分たちで見いだした課題

3学年

NO	項目	内容
1	活動名	未来を拓く―課題研究（個人研究）
2	目標	2年間の活動で身についた探究に関わる知識・スキルを用い、自分の進路とつないだ個人研究の実践
3	授業単位	1単位：年間35回（週1時間時間割に組み込まれている）
4	指導体制	3学年担任が担当
5	探究テーマ	自分の進路に直結する課題

第四節　新潟県立新潟南高等学校

　新潟南高等学校は、1939年4月に、新潟市立中学校として開校し、その後、新潟市立高校への移行、新潟県立高校への移管などの変遷を経て、創立84周年を迎えた伝統校であり、県内屈指の進学校です。同校サイト[27]には、「文部科学省のSSH（スーパーサイエンスハイスクール）事業では、通算20年を超える、県内で最長期間の研究指定を受けております。今年度は第Ⅳ期経過措置1年目として、1学年においては課題探究力を高めるためのプログラム『江風探究ユニット』を、普通科2学年においては学校設定科目『「江風SSG』を、理数コース1～3学年においては

『江風SSⅠ〜Ⅲ』を、それぞれ継続して実施いたします。当校は、このSSH事業を中核に据えた学校運営を行い、課題研究を通して学びの楽しさ、深さ、広がりを実感させるとともに、自己を振り返り、達成感を得ながら、意欲をもって主体的に学ぶ生徒を育成する教育活動を推進してまいります」とあるように、20年を超えるSSH事業から得られた探究的な学習の知見を、人文社会科学系分野における探究学習へ応用するなど、県内でも探究学習のトップリーダーとも言える取り組みを行っています。現在は各学年9クラス（普通科8クラス、理数コース1クラス）、計27クラスの新潟県内でも大規模校の一つです。現在実施されている（2023年4月スタート）探究学習について、カリキュラム・マネジメントの視点から、担当教諭にお話を伺いました。

「以前より実施してきたSSH事業に加え、2017年より2年生全員に課題研究を実施しました。翌2018年は1年生全員が探究学習として課題研究に取り組むカリキュラムとしました。1年生では『新潟市の課題解決』を、2年生では興味ある課題を自由に設定する課題研究を行っています。学校設定科目として2年生普通科では『江風SSG』が週1時間、理数コースでは『江風SSⅡ』として週2時間の時間をかけて課題研究を行っています。また海外研修などによる国際的な交流もプログラムされていましたが、2019年からのコロナ禍により変更を余儀なくされたために、県内の国際大学と協力を行い、またオンラインにより台湾やシンガポールの高等学校との交流を深めるなど、カリキュラムを大きく変更しました。校内体制としては以前より組織されていたSSH総務部（校内分掌）が中心となり、各学年が運営を行っていますが、あくまで学校全体で探究学習とSSHへの取り組みを行っています。実際には理科の教師にはかなり負担をかけている状況で

す。カリキュラム・マネジメントの視点からは、教員の負担と今後の予算が心配されます。これまでのSSHで得た教師の課題研究のマネジメント力を、人文社会科学系の探究学習に援用することで、生徒の興味・関心を高め、学問的にも高いレベルの課題研究を実現していきたいと考えています」

20年前からSSHを手探りで実施してきたパイオニア的存在の新潟南高校は、1年生・2年生で全員に課題研究を課す探究学習の実施のために、これまでのSSHで培ってきたカリキュラム・マネジメント手法により、県内だけではなく全国的にも注目される取り組みを実施し、高い評価を受けています。同校のサイトには、過去の探究学習で使用した毎時間の指導計画、配布プリント、評価のためのルーブリックなどが公開されています[28]。特に評価に関する年間計画やルーブリックの詳細な設計は、多くの高等学校に影響を与える詳細な内容となっています。

新潟南高校　普通科9クラス（うち理数コース1クラス）

NO	項目	内容
1	探究学習の目的	未来のイノベーションを牽引する、科学技術系グローバル人材の育成プログラム
2	前年までの内容からの見直し	特記事項なし
3	基本的な考え方（カリキュラム・マネジメント方針）	・高度な課題研究が、科学イノベーションを牽引する人材を育成する ・課題研究の手法を普及させることが、身近な課題を見つけ、主体的・協働的に解決できる人材を育成する ・課題研究の成果を海外で発表することが、国際的視野を持ったグローバル人材を育成する
4	指導と評価の一体化	特記事項なし
5	中間評価の実施	特記事項なし

| 6 | 地域・日本・世界への発信 | 江風グローバル研修
・同世代の海外の高校生との英語ディスカッション
・相互交流
日本海・アジア文化圏交流会・英語での研究発表、科学に関する交流会 |

1学年普通科（理数コース含む）9クラス

NO	項　目	内　　　容
1	活動名	江風探究ユニット
2	目標	課題研究を展開するために必要な能力を分析し、それらの諸能力群の総称を「探究力」と名づけ、全5ユニットを通じて身につけさせること
3	授業単位	総合的な探究の時間（1単位：年間32回）
4	指導体制	1学年主任が中心となり、主に1学年の担任・副担任が指導を行う 2年次普通科『江風SSG』に向け、教員にとっても"探究活動指導の研修"の機会となる⇒やるべきことを明らかにすることで、全ての教員が、課題研究の指導ができるようになる
5	探究テーマ	新潟市の地域課題の解決をテーマとし、地域との共創という側面も持たせる

1学年理数コース1クラス

NO	項　目	内　　　容
1	活動名	江風SSⅠ
2	目標	特記事項なし
3	授業単位	学校設定科目「江風SSⅠ」（1単位：年間32回）
4	指導体制	15名（数学1名、理科11名、英語3名）
5	探究テーマ	・実験手法の獲得（データサイエンス含む）、各分野のミニ課題研究

2学年普通科（理系・文系）8クラス

NO	項　目	内　　容
1	活動名	江風SSG
2	目標	特記事項なし
3	授業単位	学校設定科目「江風SSG」（1単位：年間32回）
4	指導体制	・学年主任が中心となり計画・運営 ・授業担当者は全科目から計20名（ファシリテーターとして指導） ・全職員で添削指導を行う
5	探究テーマ	特記事項なし

2学年理数コース1クラス

NO	項　目	内　　容
1	活動名	江風SSⅡ
2	目標	特記事項なし
3	授業単位	学校設定科目「江風SSⅡ」（2単位：年間64回）
4	指導体制	・担当者（2年理数コース担任）が年間計画を作成し、研究指導は理科・数学・英語が中心 ・段階的に複数回の中間発表を行う
5	探究テーマ	特記事項なし
6	指導体制	特記事項なし

3学年普通科（理系・文系）8クラス

NO	項　目	内　　容
1	活動名	特記事項なし
2	目標	特記事項なし
3	授業単位	総合的な探究の時間（1単位：年間32回）
4	指導体制	特記事項なし
5	探究テーマ	・探究の振り返り ・成果の普及事業に参加 ・江風グローバルシンポジウム参加者による報告会

3学年理数コース1クラス

NO	項　目	内　　容
1	活動名	江風SSⅢ
2	目標	特記事項なし
3	授業単位	学校設定科目「江風SSⅢ」（1単位：年間32回）
4	指導体制	・担当者（2年理数コース担任）が年間計画を作成し、研究指導は理科・数学・英語が中心 ・追加実験、論文作成、最終発表会探究の振り返り
5	探究テーマ	・海外研修の指導助言を基に追実験を行う

第五節　新潟県立佐渡中等教育学校

　新潟県立佐渡中等教育学校は、「平成20年度に開校し、今年度17年目を迎えた中高一貫教育校です。開校以来『Catch the WAVES!』（夢を叶える波をつかめ！）を校是として掲げ、『佐渡の歴史と文化に誇りを持ち、豊かな知性と人間性を身につけ、世界的視野で活躍できる人の育成』を教育目標としています」と、当学校のサイト[29]で紹介されています。

　また、「ユネスコスクールとして持続可能な社会の構築を目指し、環境保護、人権や民主主義、国際的な交流、異文化理解の取り組みとして様々な体験活動を行っています。多くの楽しく充実した行事があり、前期課程では『総合的な学習の時間』に『佐渡未来学』とスクールカルチャー『能楽』を設定し地域の方々からも御協力いただき学習しています。後期課程4年生では海外研修旅行を実施します（今年度は3月にマレーシア）」と同校のサイトで示されているように、ローカルとグローバルの両面に力を入れています。

　現在の探究学習について、カリキュラム・マネジメントの視点から、

担当教諭にお話を伺いました。

「本校の後期課程（高等学校）の探究学習は、コロナ禍により大きな影響を受けて、カリキュラムの変更を行っています。2024年度のグランドデザイン[30]では1・2年生に『基礎・基本の徹底【HOP期】』を、3・4年生に『発展・充実の実力育成【STEP期】』を、5・6年生に『目標の達成を目指した実践力育成【JUMP期】』を目標として掲げています。一般的な高等学校の探究学習のカリキュラム構成と異なっているところが特徴的です。前期課程（中学校）では総合学習で調べ学習的な内容を行っていますので、後期課程（高等学校）では調べ学習に終わらないように工夫をしています。また、2021年より3年間、文部科学省委託事業地域社会に根ざした高等学校の学校間連携協働ネットワーク構築事業『新潟の未来をSa Ga Suプロジェクト』[31]に指定され、オンラインによって離島である佐渡と、福島県境の阿賀町の阿賀黎明高校とを結び、新潟市の新潟翠江高校がネットワークの中心となり、授業や補習などの配信を行いました。またそれぞれの高等学校が佐渡学と阿賀学を中心に『地域探究的な学び』を設定し、連携と協力を行っています」

これまで紹介した高等学校と最も異なる点は、中高一貫教育校である点です。中学校（前期課程）での総合学習を引き継ぐ形で、高等学校（後期課程）の探究学習を設計しており、6年一貫したカリキュラムの構成を行っています。引き続きカリキュラム構成で苦労されている点についてお話を伺いました。

「2023年度の4年生（高校1年生）より、クラス数がそれまでの2クラスから1クラスとなりました。前期課程も全て1クラスとなっています。そのため職員数の減少が、探究学習やその他の学校活動（部活

動数の減少など）へ大きな影響を与えています。多様な探究学習のテーマ設定が難しくなり、教員が指導できる時間や範囲が減少しています。小規模校にとって多様な探究学習テーマを保障することは、運営上難しく、外部からの指導者の支援が重要になってきています」

　1学年1クラスという小規模校に移行中である当校にとってのカリキュラム・マネジメント上の課題は、探究学習への人的支援の確保です。このような状況のなかでコロナ禍が発生したために、6年一貫の探究学習のカリキュラム・マネジメントには、まさに多様に変化する外部の状況や内部の変化に対応し、探究学習の教育目標の達成を図るべきカリキュラムの作成や変更を柔軟に実施していくことが求められることになりました。

佐渡中等教育学校

NO	項　目	内　　容
1	探究学習の目的	探究のプロセス（課題の設定→情報収集→整理・分析→まとめ・発表→振り返り）を通じて、佐渡中等・社会人基礎力"未来を創る力"を育成する
2	前年までの内容からの見直し	「総合的な探究の時間」の授業が新課程2年目になり、年度初めの段階で、評価の観点の趣旨やルーブリック評価項目を明確にして行うことができている 年間の授業のなかで、振り返り（個人またはチームでワークシートを書く）をする場面を設けようとしていること
3	基本的な考え方（カリキュラム・マネジメント方針）	・社会課題に当事者として向き合い、その解決にチームで取り組ませる ・他者と協同し、創造する力を育てる ・SDGsの理念を理解させる ・客観的な根拠（データ）を基に学習活動させる ・グループで探究活動を行い、一つの目的にチームで挑ませる

NO	項目	内容
4	指導と評価の一体化	評価の観点の趣旨 ①知識・技能 　課題の発見と解決に必要な技能を身につけ、課題解決に活用することができた ②思考・判断・表現 　課題を設定し、必要な情報を選択し、問題点を明確化し根拠に基づいて解決策を提示することができた ③主体的に学習に取り組む態度 　相手の立場で考え、課題の解決に向けて自他の役割を明確にしながら取り組むことができた
5	地域・日本・世界への発信	今のところ実施していない
6	中間評価の実施	9月に総合探究中間発表会を行う。佐渡コンソーシアムなど校外の方から中間発表（報告）を見てもらい、指導をいただく予定

1学年

NO	項目	内容
1	活動名	"キャリア教育"
2	目標	他者や他国との関わり・自己の生き方を考えながら、進路実現に向けたキャリア教育を行う
3	授業単位	1単位：年間35回
4	指導体制	・校内分掌、進路指導部、研究推進委員会との連絡調整と支援体制の確立 ・外部機関との連携体制
5	探究テーマ	○他者理解・国際理解 "8領域（教育、生活・社会、福祉、政治・経済、科学技術、医療・看護、環境、情報・メディア）のなかから選択する" ○生き方・進路学習 ・大学について知ろう ・文理選択について考えよう ・大学入試について知ろう ・進路講演会 ・探究活動（活動報告書、発表会）

2学年

NO	項　目	内　　容
1	活動名	"SDGsの理念の理解" "SDGsに関する課題解決"
2	目標	探究活動を通して、自己の興味・関心を掘り下げ、自身の疑問を探究する過程で、他者と協働しながら社会とのつながりに目を向け、よりよい未来を切り拓くための資質・能力を養う
3	授業単位	1単位：年間35回
4	指導体制	・校内分掌、進路指導部、研究推進委員会との連絡調整と支援体制の確立 ・外部機関との連携体制
5	探究テーマ	○他者理解・国際理解 　SDGs17の目標から選択をし、課題を設定する ○生き方・進路学習 ・進路について考えよう ・科目選択について考えよう ・大学入試について知ろう ・進路講演会 ・探究活動（活動報告書、発表会）

3学年

NO	項　目	内　　容
1	活動名	"SDGs又は佐渡に関するテーマでの取り組み" "探究活動の発表と振り返りレポートの作成"
2	目標	SDGsのテーマから、地球全体の問題について考える。佐渡についてさらに深く知る
3	授業単位	1単位：年間35回
4	指導体制	・校内分掌、進路指導部、研究推進委員会との連絡調整と支援体制の確立 ・外部機関との連携体制
5	探究テーマ	○生き方・進路学習 ・大学入試について知ろう ・進路講演会 ・探究活動（振り返りレポート作成、志望理由書、小論文を書いてみよう）

終わりに（インタビューから明らかになったこと）

第一節　時系列的カリキュラム・マネジメント

　総合学習から探究学習へと名称や目的が新しくなり、各高等学校で探究学習委員会や担当教師が、具体的な探究学習のカリキュラムを構築し、それを運営しています。三条高校は総合学習「燦光プラン」をWWLの指定に向けて「グローカル探究」へ、国際情報高校は「スーパーグローバルハイスクール」をもとにした「グローバル」をキーワードにした探究学習から「KJ探究ベーシック」「KJ探究ゼミ」へ、新津高校は「クライムアップ・プロジェクト」から「クライムアップ・プラン」へ、新潟南高校は「スーパーサイエンスハイスクール」をもとに「江風探究ユニット」「江風SSG」へ、佐渡中等教育学校は中高一貫校の特長を生かした「【HOP期】【STEP期】【JUMP期】」とするグランドデザインをもとに後期課程（高等学校）の探究学習を構成しています。

　またここまでの探究学習に関する変化を時系列的に整理すると、「導入期」、「コロナ禍期」、「コロナ禍空け期」の三つに分類できます。それぞれの時期の異なる条件のなかで、教師がカリキュラム・マネジメントを実践し、変化に対応していった様子がうかがえます。

　「導入期」では、それまでの総合学習から発展させたカリキュラムを数年前から準備して、初めての探究学習がスタートしました。カリキュラムが十分に生徒の認識を醸成しているかどうか、教師自身が振り返りを行い、次の活動へフィードバックする作業が続きました。

　「コロナ禍期」では、前年と同様のカリキュラムを実行することがで

きなくなったために、マイナーチェンジでは対応できないほど、大幅な変更を余儀なくされました。自校の生徒の認識を醸成させることを目的として、多様な活動が準備されていましたが、その目的を果たすため探究学習の内容や方法を実施可能なものへ修正し、実施を続けました。特にコロナ禍では対面での活動が全く不可となり、教室でのアクティブ・ラーニングや公開発表会、連携させた修学旅行や海外研修なども中止される状況が続きました。

　「コロナ禍空け期」では、GIGAスクール構想によるオンラインで遠隔地とのやり取りが可能となり、また1人1台のタブレットで情報検索の自由度が格段によくなるなど、ICTの活用が探究学習のカリキュラムに与える影響も大きいものとなりました。

第二節　カリキュラム・マネジメントを行ううえでの課題

　インタビュー調査から、各高等学校の探究学習において共通した課題が、3点、明らかになりました。

　一つ目が「時間不足」です。探究学習の時間は年間で35時間と設定されていますが、高等学校によっては時間割のなかに入っていないため、夏期休業中・冬期休業中などでまとめて実施している場合もあります。また、進路意識醸成を目的とした内容などと組み合わせている場合もあり、生徒が調査や分析を行う時間が不足している点が課題の一つ目です。定期的に実施可能なように時間割のなかに組み込むか、学校設定教科・学校設定科目などを導入することで、時間の確保を行うことにより、探究学習の定着と深化をはからなければなりません。そのためには他教科・科目とのカリキュラム上の調整が不可欠であり、学校全体での取り組みが必要とされます。今回の5校では、三条高校、国際情報高校、

新潟南高校で学校設定科目により、時間の確保を目指しています。また、5校全てで校内に委員会などを設定し、学校全体でカリキュラム上の調整を行っています。長期休業中に自主的な活動を実施している高等学校もありますが、部活動や進学補習などに時間が取られるなど、長期休業中においても生徒の自由な時間は限られ、自主的な活動を強制することは難しい状況にあると言えます。

二つ目は「教師不足」です。学年全体の生徒が1人1テーマで行う場合はもちろん、グループになって探究テーマを設定する場合においても、指導する教師の数が圧倒的に不足しています。生徒の支援を行う教師の数と質が、探究学習の質に大きく影響します。今回の5校では全ての高等学校で、自治体職員、大学教員、大学生、企業職員、地域住民などの支援を受けて実施しています。

またカリキュラム・マネジメントの視点からは教師の研修会などの実施が不可欠ですが、まだまだ十分な研修の実施ができていない実態があります。今後、探究学習のカリキュラム・マネジメントへの参考資料や、各高等学校の取り組み事例をインターネット経由で共有するサイトから教師が容易に情報を入手できるように整備することが求められています。

三つ目は「予算不足」です。多様な支援を外部から得ている場合や、校内で予算を準備している場合もありますが、多くの高等学校では、外部指導者を呼び、指導をお願いすることは不可能であり、生徒が校外へ調査などを行うための旅費や必要経費なども支出されない場合がほとんどです。

これら三つの問題点と密接に関わる今後の課題として、改めて、高等学校の探究学習の効果的な展開における外部指導者の重要性を見直して

みることが重要であると言えます。

第三節　外部指導者の重要性

　予算の裏付けのない探究学習は、教師と生徒のオーバーワークを前提にカリキュラムを構成していることになります。「時間不足」「教師不足」を補うことができる最良の方法は、外部指導者による適切な支援だと考えます。生徒同士でグループワークを行っていても、新しい視点や考え方が次々と出てくるわけではありません。探究学習を深めるためには、生徒の思考に寄り添って、生徒の思考を発展させるための適切なアドバイスをしてくれる人が必要です。外部指導者には専門的な知識も求められますが、それぞれのテーマに対する探究デザイン（問題発見、仮設形成、仮説実証などのプロセス）について生徒の探究状況に応じて指導できる力も必要です。多様な人材が外部指導者として探究学習を支援するためには、予算的な裏付けが必要です。今後は、学校の運営予算に探究学習用の予算を組み込むこと、生徒から探究学習費を徴収することや外部の研究資金などを獲得することなど、予算面に対しても積極的な働きかけが必要となってきます。

　また、探究学習の最大の魅力として挙げられる点は、社会的課題について考察を深める点です。生徒が学校外へ出て行くことが最も効果的ですが、時間的・予算的問題でそれがかなわない場合には、外部指導者が来校し生徒を支援することが、最適な方法であると考えられます。生徒が、教師以外の大人と社会的な課題を通して考察を深めるカリキュラムの作成が求められています。今回の5校では、全ての高等学校が学校外からの支援を受けて探究学習を実施しています。

第四節　総合学習から探究学習への連続性

　これまでの総合学習も、自校の学校教育目標を実現させるために、それぞれの事情に応じたカリキュラムを構成していました。また2003年度より実施された自校での総合学習の経験を基にしたカリキュラム・マネジメントにより、自校の生徒にマッチングしたカリキュラムが構成され、これまで完成度が高い総合学習が実施されていました。今回、総合学習が探究学習へと変更されたことで、在校生には前年までの総合学習を実施しつつ、新入生には新しい探究学習に取り組ませることになりました。このようなカリキュラムの過渡期においては、新しい探究学習をゼロから構成するより、総合学習をマイナーチェンジすることにより、自校の生徒の実態にあった学習を実施することが可能です。これまでの総合学習でキャリア教育的内容を行っていた高等学校での中心は「進路指導部」でした。進路指導部は生徒の実態を分析し、その分析を基に総合学習の内容を構成してきました。また大学・短大・専門学校・就職先の企業などと強い信頼関係を持っています。高等学校の分掌では最も校外の組織と長いお付き合いがあります。これまでも外部の方の講演会や訪問なども行っていますので、外部人材の活用を任せられる分掌だと考えられます（実際多くの高等学校が、進路指導部と協働して探究学習のカリキュラム・マネジメントを行っています）。

　その過渡期にコロナ禍・GIGAスクール構想など想定していなかった要素が加わり、カリキュラム・マネジメントは相当な努力が必要だったと推測されます。混乱の時期もようやく落ち着きをみせ、現在は新しいフェーズに入り、各高等学校が探究学習のカリキュラムを大きく変革する時期に入ってきました。これからの全国の高等学校の取り組みや、その成果に注目していきたいと思います。

注釈

1. 吉本真代（2015）．進路・進学意識，ベネッセ教育情報 ベネッセ教育総合研究所
 https://benesse.jp/berd/up_images/research/5_chp5.pdf
2. 寺崎里水（2015）．"新しい受験競争の時代"の到来 ―学習の量的拡大と質的変化，「第５回学習基本調査」報告書［2015］ ベネッセ教育総合研究所 Retrieved August 24, 2024 from https://berd.benesse.jp/up_images/research/5_chp5.pdf
3. 高等学校の学習指導に関する調査2021 ベネッセ教育総合研究所 Retrieved August 24, 2024 from https://berd.benesse.jp/shotouchutou/research/detail1.php?id=5695
4. スーパーサイエンスハイスクール（SSH）支援事業．文部科学省．2024
 文部科学省が将来の国際的な科学技術人材の育成を図るため、平成14年度より科学技術、理科・数学教育に関する研究開発等を行う高等学校等を「スーパーサイエンスハイスクール」に指定し、理科・数学等に重点を置いたカリキュラムの開発や大学等との連携による先進的な理数系教育を実施している
5. GIGAスクール構想．文部科学省．2019
 文部科学省が、2023年度までに義務教育段階にある小学１年生から中学３年生の児童生徒向け学習用端末を１人１台導入し、端末を同時接続しても不具合の起きない、高速大容量の通信ネットワークを一体的に整備し、資金面も補助するもの
6. カリキュラム・マネジメント．文部科学省．2023
 「社会に開かれた教育課程」の理念の実現に向けて、学校教育に関わる様々な取り組みを、教育課程を中心に据えながら、組織的かつ計画的に実施し、教育活動の質の向上につなげていくこと
7. 文部科学省．（1）「カリキュラム・マネジメント」の重要性 文部科学省 Retrieved August 24, 2024 from https://www.mext.go.jp/b_menu/shingi/chukyo/chukyo3/siryo/attach/1364319.htm
8. 高田正規（2020）．総合学習を軸に考える学校づくり ベネッセ教育研究所 Retrieved September 7, 2024 from https://berd.benesse.jp/berd/center/open/kou/view21/2001/html04/toku04_01.html
9. 学習指導要領「総合的な探究の時間」, 15.
10. 「高校教育改革に関する調査 2022」報告書 リクルート進学総研 Retrieved August 24, 2024 from https://souken.shingakunet.com/research/2019/02/post-9b3b.html
11. 「『指導と評価の一体化』のための学習評価に関する参考資料」国立教育政策研究所 Retrieved August 24, 2024 from https://www.nier.go.jp/kaihatsu/pdf/hyouka/r020326_pri_sougo.pdf
12. 小中学校の学習指導に関する調査2022 ベネッセ教育総合研究所
13. 国立教育政策研究所，「高度情報技術の進展に応じた教育革新～「学習評価」の充実による教育システムの再構築：みんなで創る「評価の三角形」～（令和２年９月15日）」
14. 齊藤萌木．学習科学における評価とテクノロジー『評価の三角形』の視点から，20-22
15. 「学修評価の在り方ハンドブック」の「『指導と評価の一体化』のための学習評価に関する参考資料高等学校総合的な探究の時間」国立教育政策研究所 Retrieved August 24, 2024 from https://www.nier.go.jp/kaihatsu/pdf/hyouka/r030820_hig_sougou.pdf
16. 文部科学省．スーパーサイエンスハイスクール（SSH）支援事業の今後の方向性等に関する有識者会議第二次報告書に向けた論点整理 文部科学省 Retrieved August 24, 2024 from https://

17 www.mext.go.jp/content/20210701-mxt_kib an01-000016309_0.pdf
17 学習指導要領第1章総則第2款各教科・科目及び単位数等 文部科学省 Retrieved August 24, 2024 from https://www.mext.go.jp/a_menu/shotou/cs/1320224.htm
18 飯田浩之・遠藤宏美.「学校設定教科・科目」の設置とその運営, 7 Retrieved August 24, 2024 from https://cir.nii.ac.jp/crid/1543668945069200896
19 文部科学省. GIGAスクール構想の実現について 文部科学省 Retrieved August 24, 2024 from https://www.mext.go.jp/a_menu/other/index_00001.htm
20 文部科学省.「GIGAスクール構想に関する各種調査の結果」文部科学省 Retrieved August 24, 2024 from https://www.mext.go.jp/content/20210827-mxt_jogai01-000017383_10.pdf
21 新潟県立三条高等学校サイト 三条高等学校 Retrieved August 24, 2024 from http://www.sanjou-h.nein.ed.jp/
22 文部科学省. WWL（ワールド・ワイド・ラーニング）コンソーシアムの構築に向けて 文部科学省 Retrieved August 24, 2024 from https://www.mext.go.jp/a_menu/shotou/kaikaku/1412062.htm
23 新潟県立国際情報高等学校サイト 国際情報高等学校 Retrieved August 24, 2024 from http://www.kokusaijouhou-h.nein.ed.jp/
24 文部科学省. ユネスコスクール 文部科学省 Retrieved August 24, 2024 from https://www.mext.go.jp/unesco/004/1339976.htm
25 文部科学省. スーパーグローバルハイスクールについて文部科学省 Retrieved August 24, 2024 from https://www.mext.go.jp/a_menu/kokusai/sgh/
26 新潟県立新津高等学校サイト 新津高等学校 Retrieved August 24, 2024 from http://www.niitsu-h.nein.ed.jp/
27 新潟県立新潟南高等学校サイト 新潟南高等学校 Retrieved August 24, 2024 from http://www.niigatami-h.nein.ed.jp/
28 新潟県立新潟南高等学校サイト，SSH活動紹介 新潟南高等学校 Retrieved August 24, 2024 from http://www.niigatami-h.nein.ed.jp/ssh.html
29 新潟県立佐渡中等教育学校サイト 佐渡中等教育学校 Retrieved August 24, 2024 from http://www.sado-ss.nein.ed.jp/
30 令和5年度佐渡中等教育学校教育計画【概念図：グランドデザイン】佐渡中等教育学校 Retrieved August 24, 2024 from http://www.sado-ss.nein.ed.jp/R5gurandodezainn.pdf
31 新潟県立佐渡中等教育学校. COREハイスクール・ネットワーク構想 佐渡中等教育学校 Retrieved August 24, 2024 from http://www.sado-ss.nein.ed.jp/R3sagasu.pdf

参考文献

C. M. ライゲルース，A. A. カー＝シェルマン,「インストラクショナルデザインの理論とモデル：共通知識基盤の構築に向けて」北大路書房，2016年
C. M. ライゲルース，B. J. ビーティ，R. D. マイヤーズ,「学習者中心の教育を実現するインストラクショナルデザイン理論とモデル」北大路書房，2020年
ジョン・M. ケラー,「学習意欲をデザインする：ARCSモデルによるインストラクショナルデザイン」北大路書房，2010年
倉本哲男,「アメリカにおけるカリキュラムマネジメントの研究─サービス・ラーニング（Servie-Learning）の視点から」ふくろう出版，2008年
文部科学省,「今，求められる力を高める総合的な探究の時間の展開　未来社会を切り拓く確かな資質・能力の育成に向けた探究の充実とカリキュラム・マネジメントの実現」，2023年
ロバート マルザーノ，ジョン・S. ケンドール,「教育目標をデザインする：授業設計のための新しい分類体系」北大路書房，2013年
スーザン・マッケニー，トーマス・C・リーブス,「教育デザイン研究の理論と実践」北大路書房，2021年

■ 著者紹介

田中　一裕（たなか　かずひろ）

　1961年　　新潟県に生まれる
　1984年　　法政大学経済学部経済学科卒
　1984年～2017年　新潟県高等学校教諭
　2009年　　新潟大学大学院教育学研究科教科教育専攻社会科教育専修修了
　2013年　　新潟大学大学院教育学現代社会文化研究科後期博士課程修了（博士（教育学））
　2017年　　新潟大学創生学部准教授
　2017年～　総務省・主権者教育アドバイザー
　2021年～　新潟大学創生学部教授
『未来を歩くためのスキル―AI時代に求められる意思決定力―』2019年新潟日報事業社、単著。
『高校生のための主権者教育ハンドブック』2017年明治図書、共著。『社会科教育の今を問い、未来を拓く：社会科（地理歴史科、公民科）授業はいかにしてつくられるか』2017年明治図書、共著など。

ブックレット新潟大学84
総合的な探究の時間におけるカリキュラム・マネジメントの観点からの改善
―新潟県内高等学校の事例から―

2025（令和7）年3月31日　初版第1刷発行

編　者——新潟大学大学院現代社会文化研究科
　　　　　ブックレット新潟大学編集委員会
　　　　　jimugen@cc.niigata-u.ac.jp

著　者——田中　一裕

発行者——中川　史隆

発行所——新潟日報メディアネット
　【出版グループ】〒950-1125　新潟市西区流通3-1-1
　　　　　　TEL 025-383-8020　　FAX 025-383-8028
　　　　　　https://www.niigata-mn.co.jp

印刷・製本——株式会社ウィザップ

©Kazuhiro Tanaka 2025, Printed in Japan　ISBN978-4-86132-876-3

「ブックレット新潟大学」刊行にあたって

　ブックレット新潟大学は、教育研究活動の一端を社会に向けて発信し、地域貢献活動の一つとするために、2002年から刊行されました。中高校生から社会人までの広範囲の読者を念頭に置き、読みやすさを優先して執筆されています。しかしそれは、研究者でも学生でもない一般の読者のために、高度な学問的内容を単純化し、レベルを下げて、わかりやすいことだけをわかりやすく繰り返すことを目的としたものではありません。

　「コスト・パフォーマンス」や「タイム・パフォーマンス」が重視され、自分が知りたいことだけを知りたいだけ知るためのメディアが隆盛を極めている今日において、私たちのブックレットは、むしろ、私たちが知らなかったもの、知らないですませようとしてきたもの、知らないことを知らなかったものについて語ろうとしています。それを読む経験は、必然的にある困難をともなうでしょう。しかしながらその困難は、専門家にも、非専門家にも共通のものです。

　フランスの哲学者ジル・ドゥルーズは、死後に公表されたあるインタビューのなかで、こんなことをいっています。——哲学は、哲学の専門家に向けて語られるときでも、哲学を専門にしない人たちに向けて語られるときでも、厳密に同じものでなければなりません。哲学を専門にしない人たちに向けて語るからといって、それをやさしいものにすることはないのは、音楽の場合と同じです。音楽家ではない聴衆が相手だからといって、ベートーヴェンをやさしく演奏したりはしないでしょう？　哲学はつねに哲学の専門家と非専門家という二重の聴衆をもっている。この両者がなければ、哲学はないのです、と。

　ドゥルーズが哲学についていっていることは、学問全般に当てはまります。音楽家ではない人々に向けて演奏されたベートーヴェンが真の音楽を求める聴き手一人ひとりに届くように、中高校生から社会人にいたる広範囲の読者にむけて書かれたブックレット新潟大学も、知的に真摯な読者一人ひとりの期待を裏切らないことを願っています。

2024年12月

新潟大学大学院現代社会文化研究科
　　研究科長　　番　場　　俊